AF247860

LE
QUINZE NOVEMBRE

SOUVENIR DE RESPECTUEUSE SYMPATHIE

PAR

GEORGES FERY

DEUXIÈME ÉDITION

Prix : 20 centimes

PARIS

LIBRAIRIE AMYOT, ÉDITEUR

8, RUE DE LA PAIX

1875

LE QUINZE NOVEMBRE

I

Bien des cœurs aujourd'hui vont élever vers Dieu leurs vœux et leurs prières pour celle qui se nomme l'Impératrice Eugénie.

Voilà quatre années, hélas! qu'il n'est plus donné à ses fidèles de la voir parmi eux à cet anniversaire. Puisque cette auguste et chère présence ne charme plus nos yeux, que ce visage resplendissant et ce sourire si doux,—émanation d'une âme si belle, — ne rayonnent plus devant notre regard, il faut parler d'Elle et évoquer plus longuement son souvenir!

Pour ma part, en me rappelant par combien de

titres il nous sollicite à l'admiration et au respect.
j'ai peine, je l'avoue, à commander à mon émotion.

Avant Chislehurst, nommer l'Impératrice Eugénie,
cela signifiait : incarnation la plus radieuse de la
beauté sous laquelle une femme puisse apparaître pour
éblouir et entraîner, toucher et captiver les hommes
assemblés ; générosité du cœur ; charité inépuisable ;
vertu ; sérénité modeste à porter le poids des faveurs
de la fortune ; intelligence élevée, ouverte à la com-
préhension de toutes les grandes choses ; esprit libre et
tolérant ; piété douce et miséricordieuse.

On savait déjà qu'Elle se plaisait aux choses
héroïques, mais comme Dieu ne lui avait pas encore
envoyé d'épreuves à la hauteur de son âme, on ne la
connaissait pas tout entière.

Maintenant, nommer l'Impératrice Eugénîe, cela
signifie aussi : patriotisme qui alla jusqu'au sacrifice,
chevaleresque abnégation, courage, désintéressement
sans exemple dans l'histoire, dignité suprême dans
l'infortune, résignation au malheur, inaltérable patience
dans les peines et les devoirs de l'exil !

II

Ce double caractère de sa destinée a imprimé sur la physionomie et dans la personne de l'Impératrice une expression pathétique qui frappe ceux qui n'ont pas eu l'honneur de la voir depuis quatre ans. C'est une impression d'attendrissement et de sympathique respect qui entraîne qu'on éprouve alors, en contemplant la veuve de Napoléon III, enveloppée de ses sombres vêtements, plus belle que jamais, s'il est vrai que la suprême expression de la beauté est celle de l'idéal. Elle fait souvenir l'imagination de Marie-Stuart à Holy-Rood ou sur les bords du lac de Lochleven ! Si son front et ses yeux sont pleins de mélancolie, elle n'a pu effacer la douceur, la bonté et le charme qui y siégeaient. C'est toujours sa tranquille et touchante majesté qui laisse sentir la femme sous la souveraine, la tendresse du cœur sous la hauteur du rang; mais c'est de plus le victorieux prestige qu'a mis sur elle l'infortune héroïquement supportée.

Aussi, sa puissance d'attraction qui eut fait dire à Napoléon Ier, comme il le disait de Joséphine : « *Je*

gagne les batailles, et elle gagne les cœurs! » s'impose
maintenant par un caractère nouveau : l'émotion que
sa vue inspire. Que d'exemples on en pourrait conter !
Je me bornerai ici à en citer un trait du passé dont
celui qui écrit ces lignes fut le témoin. C'était
en 1868, le 14 août, l'Empereur venaitde passer en
revue la garde nationale. Il avait été question d'abord,
paraît-il, de contremander cetterevue, car, sui-
vant quelques informations, les soldats citoyens
devaient y montrer une attitude peu chaleureuse. l'Impératrice Eugénie, avec sa vaillance d'esprit habituelle,
avait, disait-on, usé de son influence pour faire repousser
cette résolution. Elle et l'Empereur avaient eu raison,
et montrèrent qu'ils connaissaient bien le sentiment
populaire : la garde nationale avait accueilli la famille
Impériale avec enthousiasme.

Une foule immense, attendant le retour de la revue,
faisait la haie dans la grande allée du jardin des Tui-
leries.

A côté de celui qui écrit ceci, se trouvaient deux de
ces pâles faubouriens au masque railleur, et dont on
connaît la hardiesse et le cynisme.

Ils échangeaient une conversation où les lazzis se
mêlaient à des propos qu'ils croyaient sérieux sur la

politique. Le plus âgé des deux, en manière de résumé de ses opinions, dit à l'autre : « *Moi, les souverains, je ne respecte pas çà !* »

Un brouhaha qui s'éleva à ce moment du sein de la foule, et des acclamations qui se propageaient de proche en proche, les interrompirent. C'était le cortége Impérial qui s'avançait. Bientôt parut Napoléon III, monté sur un cheval magnifique qu'il maniait avec son admirable aisance, le cordon rouge sur la poitrine, la physionomie affable, et saluant avec cette gravité pleine de bonne grâce, de douceur et de courtoisie qui faisait tant d'effet sur le peuple. Un cortége de princes et de généraux le suivait. Tandis qu'il passait lentement au milieu des vivats et des saluts, les deux hommes étaient restés impassibles.

Un piqueur à la livrée verte et or se montra aussitôt précédant la voiture bien connue qui portait l'Impératrice. Ce jour-là, vêtue de bleue et de blanc,—la vision, après six années passées, est restée avec tous ses détails dans nos yeux, — le visage animé par l'émotion que provoquaient de longues ovations rencontrées à chaque pas, la beauté de la Souveraine brillait d'un éclat presque surnaturel. Elle saluait avec cette bien-veillance souriante et cette grâce enchanteresse qui lui est propre, et dont l'effet est de charmer les yeux en attendrissant le cœur. Les spectateurs se pressaient pour admirer de plus près cette radieuse évocation de tout ce qui exalte l'imagination, et leurs regards ne pouvaient s'en détacher. La voiture impériale marchait au pas, car à peine les jockeys pouvaient lui frayer un passage à travers cette masse humaine. Arrivée devant les rangs de curieux dont les deux faubouriens faisaient partie, comme la Souveraine inclinait de nouveau la tête pour répondre aux saluts, un double cri de : « *Vive l'Impératrice !* » retentit parmi d'autres, poussé par deux voix un peu en étranglées. C'était celles des deux hommes qui avaient en même temps arraché leurs casquettes.

Quand la voiture se fut éloignée lentement, ils se regardèrent, et le plus âgé dit à l'autre, en manière d'excuse sans doute :

« Ma foi, çà m'a échappé ; tant pis ! C'est qu'aussi elle a une façon si douce de regarder !... »

III

Il arrive souvent que les âmes les plus tendres se ferment à la pitié quand le poids de leurs propres maux vient les accabler. L'Impératrice Eugénie n'est point de celles-là. C'est toujours la même sensibilité et la même compatissance aux douleurs d'autrui. Elle, qui a été, sur le trône, la bienfaisance couronnée, montre dans l'exil que sa charité n'était pas une intelligence de situation mais une effusion du cœur. Tous les pauvres qui frappent à sa porte sont toujours accueillis. Souvent ils n'ont pas même à demander. Un de ces hivers, une Française qui habitait dans les environs de Chislehurst, était sur le point d'accoucher. La pauvre mère, vivait peu à l'aise; mais elle était fière et n'eût point accepté de secours. Sachant que l'orgueil du pauvre est le plus ombrageux et celui qui veut le plus de ménagements, l'Impératrice fit elle-même une layette et l'envoya de façon à ce que ce don fut reçu non comme une aumône, mais comme une faveur.

Une autre fois c'était un pauvre petit enfant malade à qui Elle envoyait une provision de médicaments et d'aliments, renouvelée toutes les semaines jusqu'à ce qu'il fut guéri. Il en fut de même pour trois petites filles anglaises qui avaient été blessées en chemin de fer.

Un jour, l'Impératrice donna pour soulager la misère d'une famille de réfugiés communistes. Comme quelqu'un se récriait, Elle lui répondit par ces humaines paroles :

— « Ni la femme, ni l'enfant ne sont responsables des fautes du père ! »

Longue serait la liste de bienfaits semblables si l'on voulait l'épuiser.

Ce plaisir et ce besoin de donner caractérisaient également l'Empereur. Quand il se promenait aux environs de Chislehurst, il vidait sa bourse dans les mains de ceux qui l'imploraient, comme il le faisait à Fontainebleau, à Compiègne, à Saint-Cloud.

On peut dire que de tous les priviléges des rois, le plus regretté par l'Impératrice est celui de ne pouvoir suivre sans les limiter élans de son insatiable charité !

IV

Tous ceux qui ont eu l'honneur de voir à Chislehurst l'Impératrice Eugénie et de l'entendre parler, ont été frappés, sans en être surpris, de la modération, de l'élévation politique et de la noblesse de son langage. A vivre éloignés de leur pays les princes, dit-on, perdent la notion exacte de ses sentiments et de ses évolutions morales. On ne pourra jamais faire ce reproche ni à la veuve ni au fils de Napoléon III. Leur patriotisme les met en constante communion avec tout ce qui regarde et intéresse la France.

Intelligence pénétrante, vive, mais que le sentiment rend aussi réfléchie que d'autres les longues méditations, l'Impératrice — qui disait un jour : « *Qu'il faut pratiqner la politique des idées et non celle des expédients,* » — juge avec un rare bon sens les événements et les hommes du présent. Si la tristesse empreint quelquefois ses paroles, l'amertume, l'injustice ni le parti pris ne dictent jamais ses impressions ou ses jugements.

Quant aux calomnies qui la frappèrent, et dont chacun aujourd'hui a fait justice, Elle ne se défendait contre leur mensonge que par le dédain, le mépris et les témoignages de sa conscience.

« N'est-il pas trop absurde, — a-t-elle dit quelquefois avec une sorte d'indignation dédaigneuse, — de dire qu'au 4 Septembre j'ai eu peur? Quelle est la femme, quelle est la souveraine qui, en voyant son mari trahi par le sort, prisonnier ; son enfant errant, mort peut-être ; sa patrie envahie et dévastée ; sa couronne perdue, eut pensé en un pareil moment à sa sécurité personnelle et n'eut pas cent fois préféré la mort à tant de douleurs? »

Elle disait aussi, donnant par là l'explication de sa sérénité morale : « J'ai une absolue confiance dans la puissance de la vérité. J'appelle de toutes mes forces tout ce qui peut la hâter ; elle paraîtra, elle paraît déjà... les calomnies s'élèvent de temps en temps comme les végétations malsaines des tropiques ; mais le soleil détruit les unes ; la lumière de la vérité détruit les autres, et leur vie éphémère et maudite ne laisse pas de trace ! »

Comme on lui demandait une fois pourquoi, parmi tant de dévouements qui s'offraient à son infortune, Elle n'avait accepté que celui d'une ou deux personnes, l'Impératrice répondit :

« — Quand on est au milieu de la tempête et qu'avec soi on traîne la foudre, on n'y jette pas les autres ! »

Nobles paroles à rapprocher de celles-ci :

« C'est à un sentiment d'abnégation personnelle que j'ai obéi en laissant à d'autres l'honneur de la défense. Je n'ai pas voulu diviser le pays alors que l'ennemi pouvait d'un instant à l'autre entrer par la brèche que lui ouvraient nos dissensions intérieures. »

« ... Dans toute grande chose, il s'est toujours rencontré une femme, » a dit Lamartine. On peut ajouter qu'il est dans l'histoire certaines époques — les plus éclatantes — qui s'incarnent pour la postérité dans une personnalité féminine. Elle en représente, dans la plus séduisante expression, la grandeur, l'éclat sombre ou riant, les nobles élans, les inspirations généreuses, les héroïsmes, les aurores radieuses et les grandioses crépuscules. S'imposant aux contemporains par l'éblouissement, car, de visage, elles sont belles jusqu'à l'idéal ; d'âme, plus parfaites encore ; elles achèvent de les conquérir par l'attendrissement, car pour qu'elles soient complètes, le malheur les touche au front de son aile noire. Et les voilà devenues, pour la mémoire des hommes, l'éternel éblouissement, l'éternel attendrissement de l'histoire, de la poésie, de la légende.

Au XVIe siècle, cette personnalité s'appelle Marie Stuart ; dans le XVIIe, Henriette-Marie, la fille de Henri IV, l'épouse de Charles Ier ; Marie-Antoinette, pour le XVIIIe siècle.

Avec une incontestable supériorité morale sur les unes et sur les autres, l'Impératrice Marie-Eugénie augmente cette liste de son nom si pur. Elle restera l'émouvant symbole de cette part d'histoire de France qui se nomme : le second Empire !

V

Ecrivant un jour à Napoléon III, l'Impératrice lui disait : « Ma vie est finie, mais je revis dans mon fils et je crois que ce sont les vraies joies, celles qui traverseront son cœur pour venir au mien ! » Lignes touchantes, où jamais ne s'exprima mieux le sentiment maternel ! Oui, le cœur de cette auguste mère, aujourd'hui serré encore, s'ouvrira à de nombreuses joies, à d'ineffables bonheurs. Qui n'en aurait le pressentiment à la vue de ce fils de César, dont le visage a toute la douceur de celui de sa mère unie à la virilité de celui de son père? Qui pourrait ne pas croire qu'il sera, lui aussi, le héros d'une nouvelle et grande histoire? Qui ne serait tenté de répéter pour lui le vers de Virgile :

Tu Marcellus eris !

Et il nous sera donné alors de revoir, en un anniversaire semblable à celui d'aujourd'hui, *Celle* qui remplissait la ville de sa grâce, de sa bienfaisance, de sa sollicitude. Comme à son passage à travers ces places publiques, où souvent m'arrête le souvenir d'une de ses apparitions, comme je redirai, du plus profond du cœur :

« Dieu bénisse l'Impératrice Eugénie ! »

Impimerie Parisienne, J. Sounix, impasse Bonne-Nouvelle, 5.